Impressum
Verlag: BABADADA GmbH, Nedderfeld 112 , 22529 Hamburg
Geschäftsführer / Verlagsleitung: Harald Hof
Druck: Books on Demand GmbH, In de Tarpen 42, 22848 Norderstedt

Imprint
Publisher: BABADADA GmbH, Nedderfeld 112 , 22529 Hamburg, Germany
Managing Director / Publishing direction: Harald Hof
Print: Books on Demand GmbH, In de Tarpen 42, 22848 Norderstedt, Germany

kool
escola

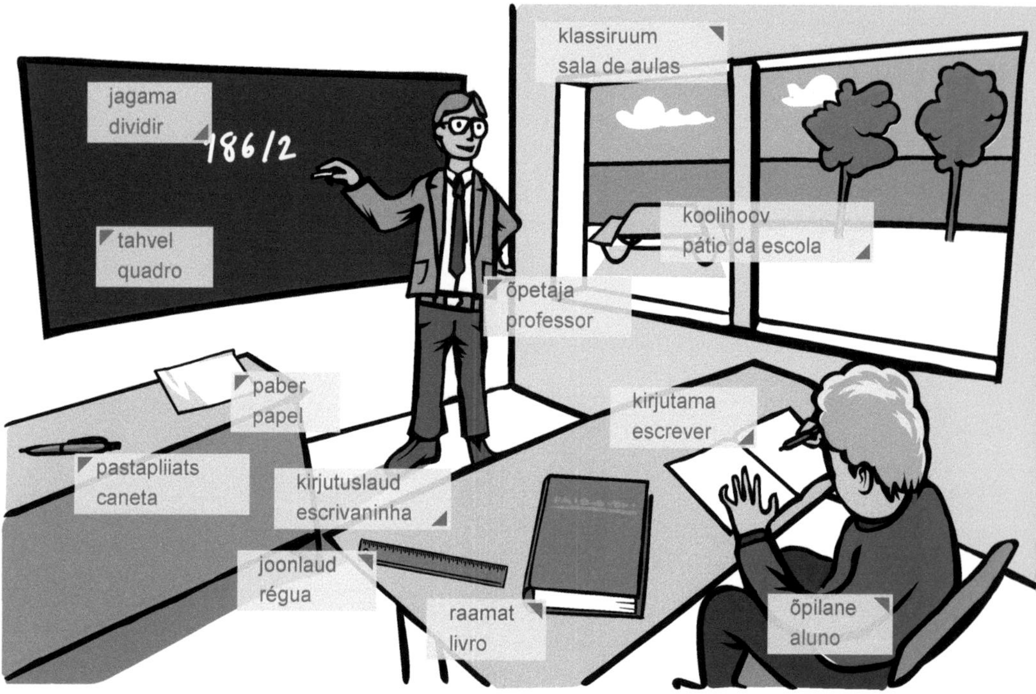
klassiruum
sala de aulas
jagama
dividir
186/2
tahvel
quadro
koolihoov
pátio da escola
õpetaja
professor
paber
papel
kirjutama
escrever
pastapliiats
caneta
kirjutuslaud
escrivaninha
joonlaud
régua
raamat
livro
õpilane
aluno

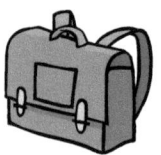

koolikott

sacola

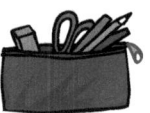

pinal

estojo de lápis

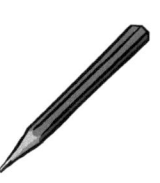

harilik pliiats

lápis

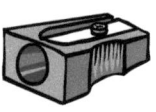

pliiatsiteritaja

apontador de lápis

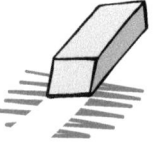

kustukumm

borracha

joonistusplokk

bloco de desenho

joonistus
desenho

pintsel
pincel

värvikarp
estojo de tintas

käärid
tesoura

liim
cola

töövihik
livro de exercícios

kodutöö
lição de casa

number
número

liitma
somar

lahutama
subtrair

korrutama
multiplicar

arvutama
calcular

täht
letra

tähestik
alfabeto

sõna
palavra

tekst

texto

lugema

ler

kriit

giz

koolitund

hora

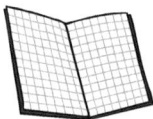

klassipäevik

registro da classe

eksam

exame

tunnistus

certificado

koolivorm

uniforme escolar

haridus

educação

entsüklopeedia

enciclopédia

ülikool

universidade

mikroskoop

microscópio

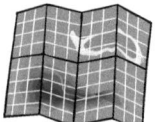

kaart

mapa

paberikorv

cesto de lixo

reisimine

viagem

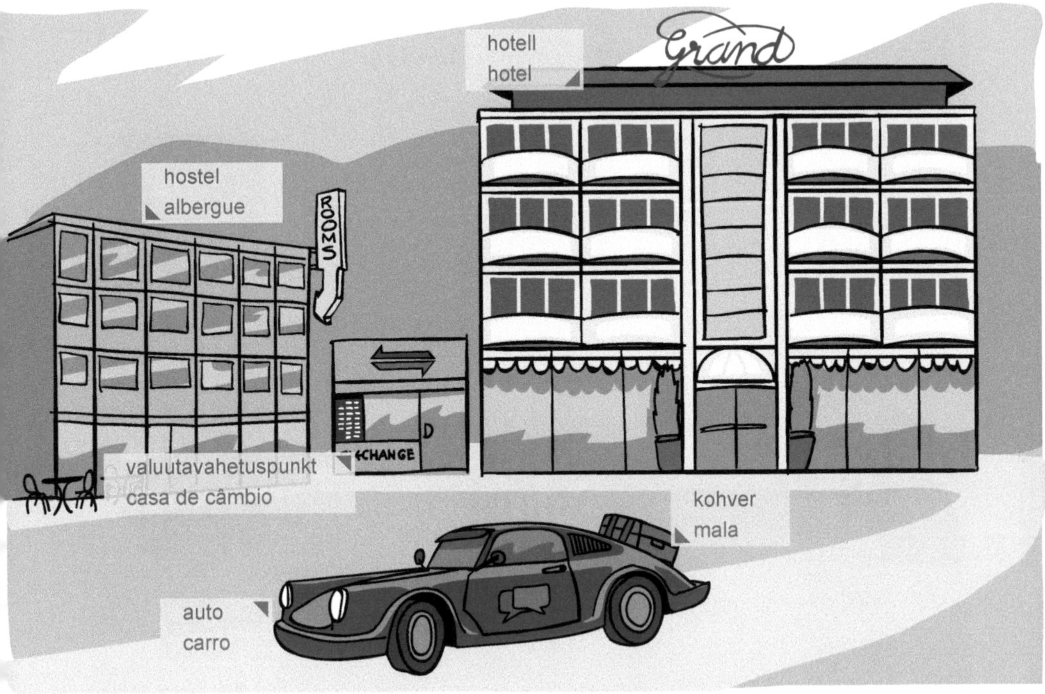
Grand
hotell
hotel
hostel
albergue
ROOMS
valuutavahetuspunkt
casa de câmbio
EXCHANGE
kohver
mala
auto
carro

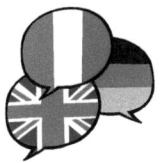

keel
idioma

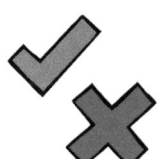

jah / ei
sim / não

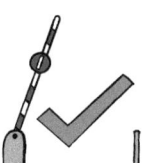

okei
ok

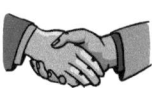

Tere!
Olá

tõlk
tradutor

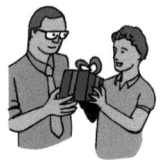

Aitäh!
obrigado

Kui palju maksab ...?

quanto custa...?

Ma ei saa aru

eu não entendo

probleem

problema

Tere õhtust!

boa noite!

Tere hommikust!

Bom dia!

Head ööd!

Boa noite!

Head aega!

até logo

suund

direção

pagas

bagagem

kott

bolsa

seljakott

mochila

külaline

convidado

tuba

quarto

magamiskott

saco de dormir

telk

barraca

turismiinfo

informação turística

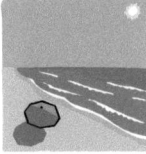

rand

praia

krediitkaart

cartão de crédito

hommikusöök

café da manhã

lõunasöök

almoço

õhtusöök

jantar

pilet

bilhete

lift

elevador

postmark

selo

riigipiir

fronteira

toll

alfândega

saatkond

embaixada

viisa

visto

pass

passaporte

transport
transporte

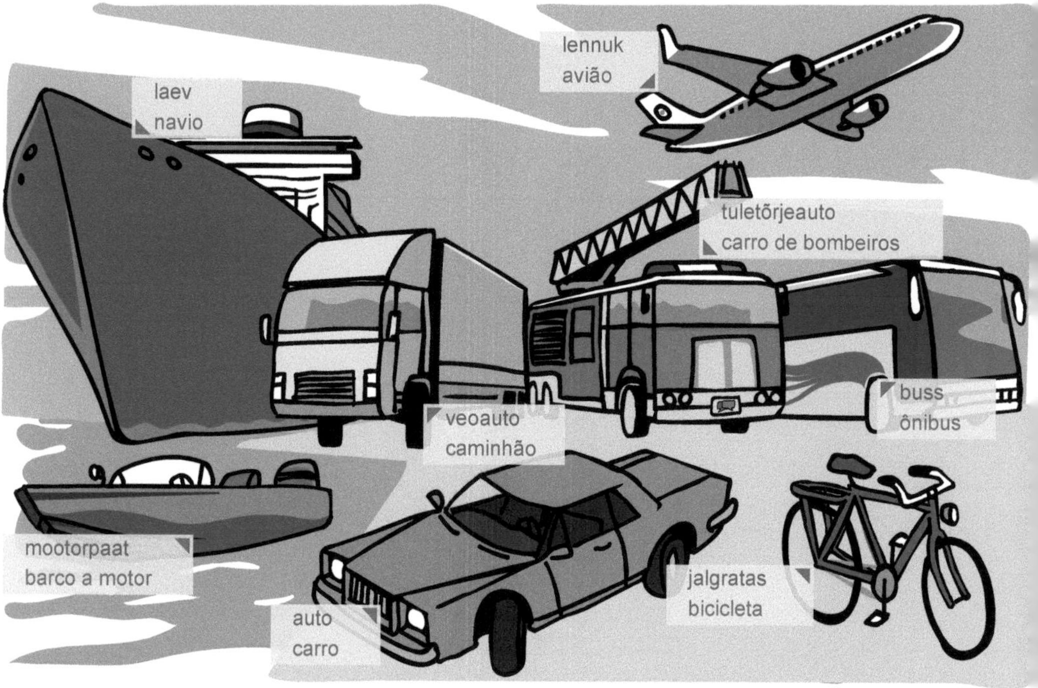
lennuk
avião
laev
navio
tuletõrjeauto
carro de bombeiros
buss
ônibus
veoauto
caminhão
mootorpaat
barco a motor
jalgratas
bicicleta
auto
carro

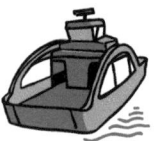

praam

balsa

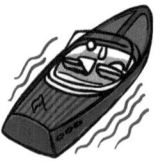

paat

barco

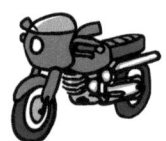

mootorratas

motocicleta

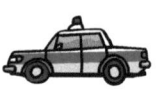

politseiauto

veículo policial

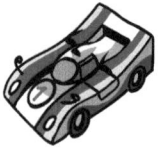

võidusõiduauto

carro de corrida

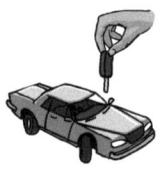

rendiauto

carro de aluguel

ühisauto

compartilhamento de automóvel

puksiirauto

caminhão de reboque

prügiauto

caminhão de lixo

mootor

motor

kütus

combustível

tankla

posto de gasolina

liiklusmärk

placa de trânsito

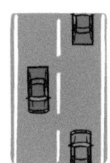

liiklus

trânsito

liiklusummik

trânsito lento

parkla

estacionamento

raudteejaam

estação de trem

rööpad

trilhos

rong

trem

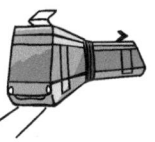

tramm

bonde

vagun

vagão

helikopter

helicóptero

lennujaam

aeroporto

torn

torre

reisija

passageiro

konteiner

contêiner

pappkast

cartolina

käru

carroça

korv

cesto

õhku tõusma / maanduma

decolar / pousar

linn
cidade

küla

vilarejo

kesklinn

centro da cidade

maja

casa

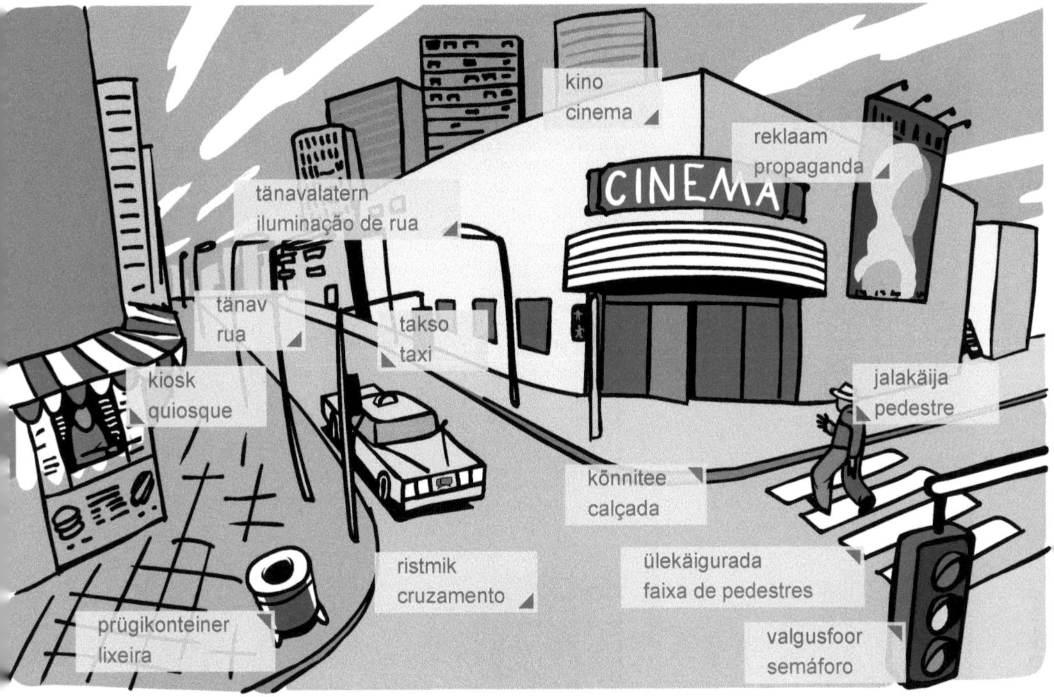

kino
cinema

reklaam
propaganda

tänavalatern
iluminação de rua

CINEMA

tänav
rua

takso
taxi

kiosk
quiosque

jalakäija
pedestre

kõnnitee
calçada

ristmik
cruzamento

ülekäigurada
faixa de pedestres

prügikonteiner
lixeira

valgusfoor
semáforo

osmik

cabana

kortermaja

apartamento

raudteejaam

estação de trem

raekoda

prefeitura

muuseum

museu

kool

escola

ülikool

universidade

pank

banco

haigla

hospital

hotell

hotel

apteek

farmácia

kontor

escritório

raamatupood

livraria

kauplus

loja

lillepood

floricultura

supermarket

supermercado

turg

mercado

kaubamaja

loja de departamentos

kalapood

peixaria

kaubanduskeskus

centro comercial

sadam

porto

park
parque

pink
banco

sild
ponte

trepp
escadas

metroo
metrô

tunnel
túnel

bussipeatus
ponto de ônibus

baar
bar

restoran
restaurante

postkast
caixa de correspondência

tänavasilt
placa de rua

parkimisautomaat
parquímetro

loomaaed
zoológico

ujula
piscina

mošee
mesquita

talu
....
fazenda

reostus
....
poluição

surnuaed
....
cemitério

kirik
....
igreja

mänguväljak
....
parquinho

tempel
....
templo

maastik
paisagem

leht
folha

teeviit
placa de sinalização

tee
caminho

aas
gramado

kivi
pedra

matkaja
caminhantes

puu
árvore

jõgi
rio

rohi
grama

lill
flor

org
vale

mägi
montanha

järv
lago

mets
floresta

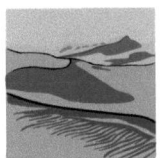

kõrb
deserto

vulkaan
vulcão

linnus
castelo

vikerkaar
arco-íris

seen
cogumelo

palm
palmeira

sääsk
mosquito

kärbes
mosca

sipelgas
formiga

mesilane
abelha

ämblik
aranha

mardikas

besouro

konn

sapo

orav

esquilo

siil

ouriço

jänes

lebre

öökull

coruja

lind

pássaro

luik

cisne

metssiga

javali

hirv

veado

põder

alce

pais

barragem

tuuleturbiin

aerogerador

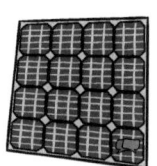

päikesepaneel

painel solar

kliima

clima

restoran

restaurante

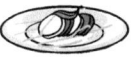

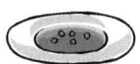

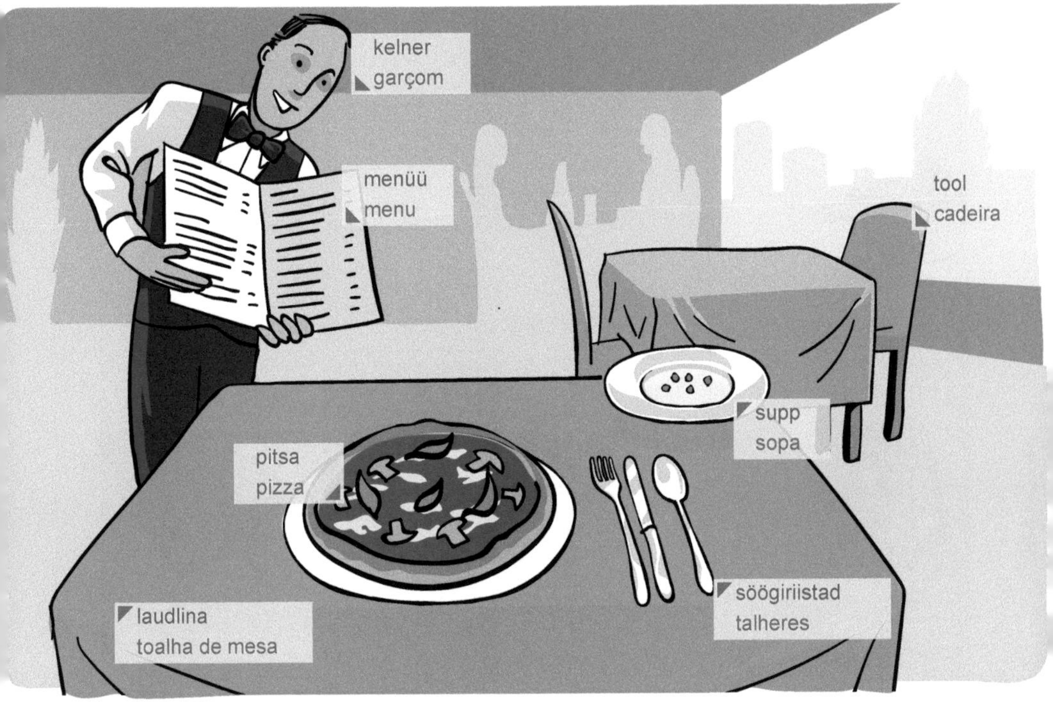
kelner
garçom
menüü
menu
tool
cadeira
supp
sopa
pitsa
pizza
söögiriistad
talheres
laudlina
toalha de mesa

eelroog

entrada

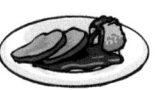

pearoog

prato principal

magustoit

sobremesa

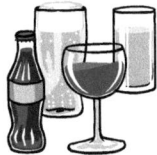

joogid

bebidas

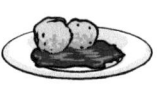

toit

comida

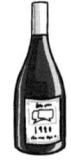

pudel

garrafa

kiirtoit

fastfood

tänavatoit

comida de rua

teekann

bule de chá

suhkrutoos

açucareiro

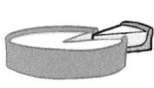

portsjon

porção

espressomasin

máquina de expresso

lastetool

cadeirão

arve

conta

kandik

bandeja

nuga

faca

kahvel

garfo

lusikas

colher

teelusikas

colher de chá

salvrätik

guardanapo

klaas

copo

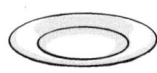

taldrik
prato

supitaldrik
prato de sopa

alustass
pires

kaste
molho

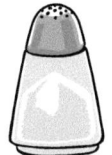

soolatoos
saleiro

pipraveski
moedor de pimenta

äädikas
vinagre

õli
óleo

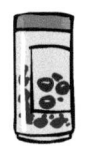

vürtsid
especiarias

ketšup
ketchup

sinep
mostarda

majonees
maionese

supermarket
supermercado

eripakkumine
oferta especial
FOR
klient
cliente
piimatooted
laticínios
puuviljad
frutas
ostukäru
carrinho de compras

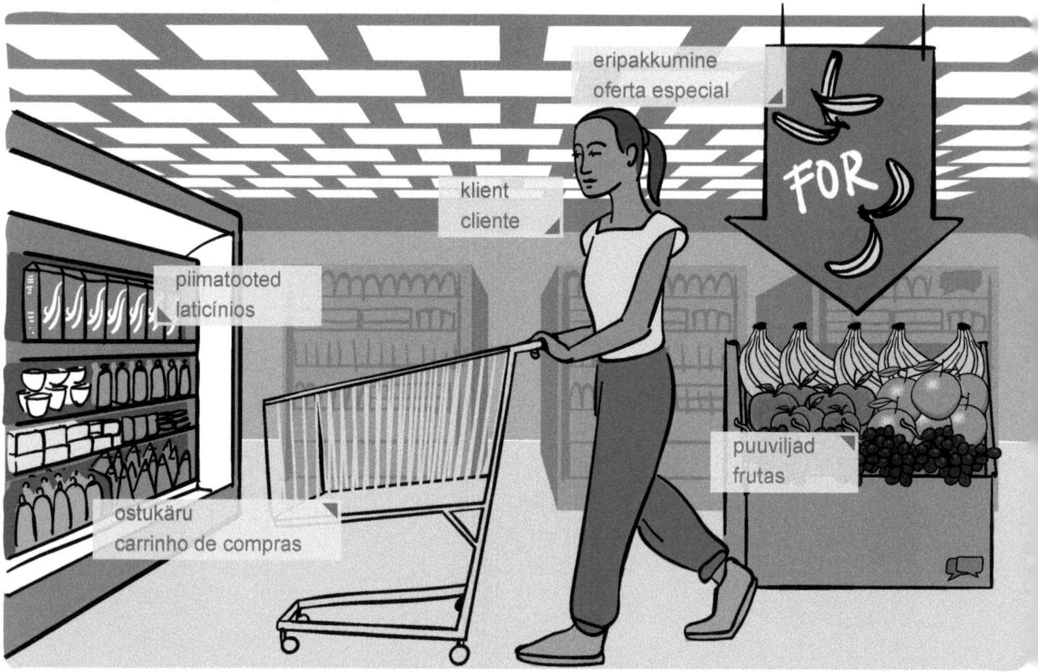

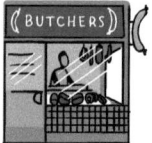

BUTCHERS

lihapood

açougue

BAKERY

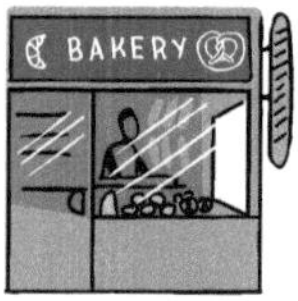

pagariäri

padaria

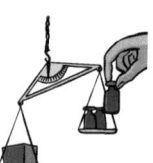

kaaluma

pesar

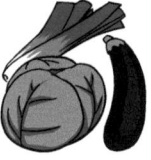

köögiviljad

legumes

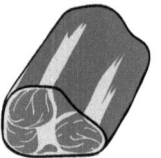

liha

carne

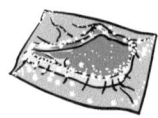

külmutatud toit

congelados

lihalõigud
charcutaria

konservid
conservas

pesupulber
detergente em pó

maiustused
doces

majatarbed
artigos domésticos

puhastustooted
produtos de limpeza

müüja
vendedora

kassaaparaat
caixa

kassapidaja
caixa

ostunimekiri
lista de compras

lahtiolekuajad
horário de funcionamento

rahakott
carteira

krediitkaart
cartão de crédito

kott
sacola

kilekott
saco plástico

vesi

água

mahl

suco

piim

leite

koola

coca-cola

vein

vinho

õlu

cerveja

alkohol

álcool

kakao

cacau

tee

chá

kohv

café

espresso

expresso

cappuccino

cappuccino

banaan

banana

õun

maçã

apelsin

laranja

arbuus

melão

sidrun

limão

porgand

cenoura

küüslauk

alho

bambus

bambu

sibul

cebola

seen

cogumelo

pähklid

nozes

nuudlid

macarrão

spagetid

espaguete

riis

arroz

salat

salada

friikartulid

batatas fritas

praekartulid

batatas frias

pitsa

pizza

hamburger

hambúrger

võileib

sanduíche

šnitsel

escalope

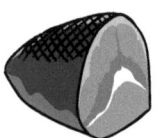

sink

presunto

salaami

salame

vorst

salsicha

kana

galinha

praeliha

assado

kala

peixe

kaerahelbed

flocos de aveia

müsli

granola

maisihelbed

flocos de milho

jahu

farinha

sarvesai

croissant

kukkel

pãozinho

leib

pão

röstsai

torrada

küpsised

biscoitos

või

manteiga

kohupiim

requeijão

kook

bolo

muna

ovo

praemuna

ovo frito

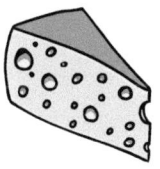

juust

queijo

jäätis

sorvete

suhkur

açúcar

mesi

mel

moos

geleia

pähklivõie

creme de avelãs

karri

curry

talu
fazenda

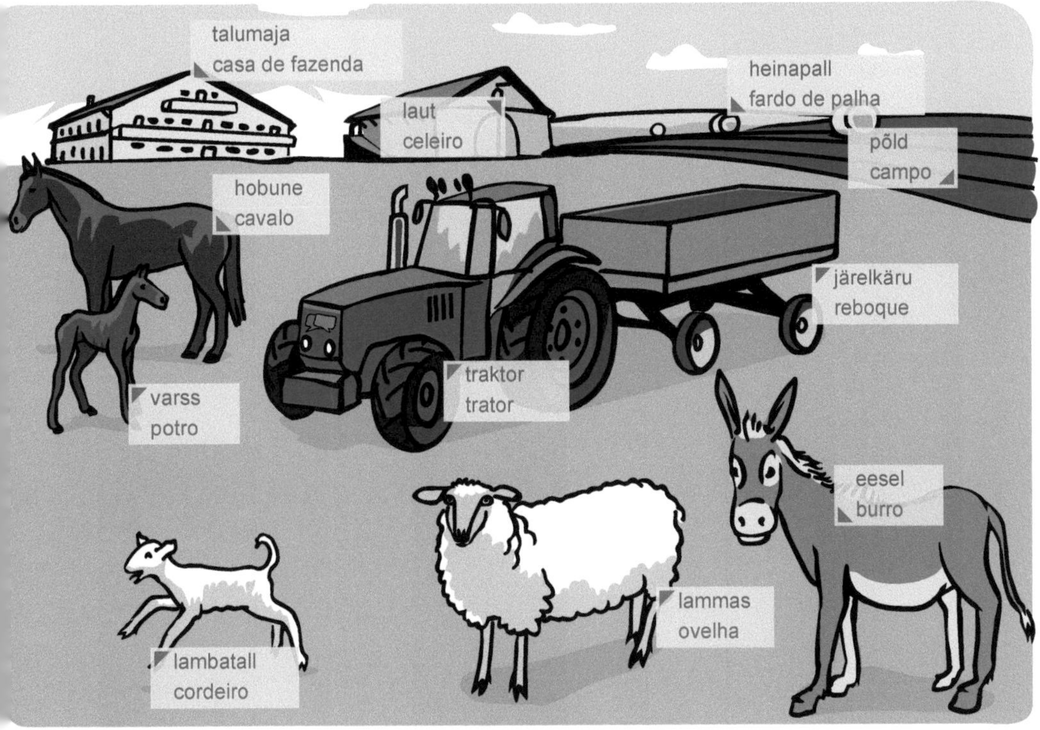
talumaja
casa de fazenda
laut
celeiro
heinapall
fardo de palha
põld
campo
hobune
cavalo
järelkäru
reboque
traktor
trator
varss
potro
eesel
burro
lammas
ovelha
lambatall
cordeiro

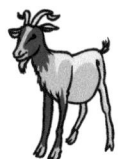

kits

cabra

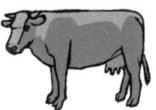

lehm

vaca

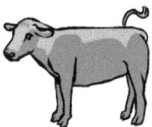

vasikas

bezerro

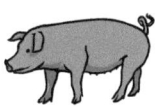

siga

porco

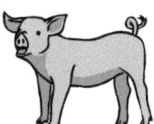

põrsas

leitão

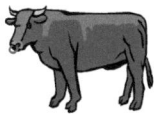

pull

touro

hani

ganso

part

pato

tibu

pintinho

kana

galinha

kukk

galo

rott

ratazana

kass

gato

hiir

camundongo

härg

boi

koer

cachorro

koerakuut

casinha do cachorro

aiavoolik

mangueira de jardim

kastekann

regador

vikat

foice

ader

arado

sirp

foice

kõblas

enxada

hang

forquilha

kirves

machado

käru

carrinho de mão

küna

manjedoura

piimanõu

jarra de leite

kott

saco

tara

cerca

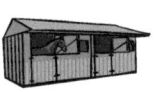

tall

estábulo

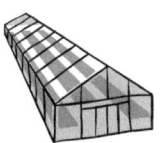

kasvuhoone

estufa

muld

solo

seeme

semente

väetis

fertilizante

kombain

colheitadeira

saaki koristama

colher

saagikoristus

colheita

jamss

inhame

nisu

trigo

soja

soja

kartul

batata

mais

milho

raps

colza

viljapuu

árvore frutífera

maniokk

mandioca

teravili

cereais

maja
casa

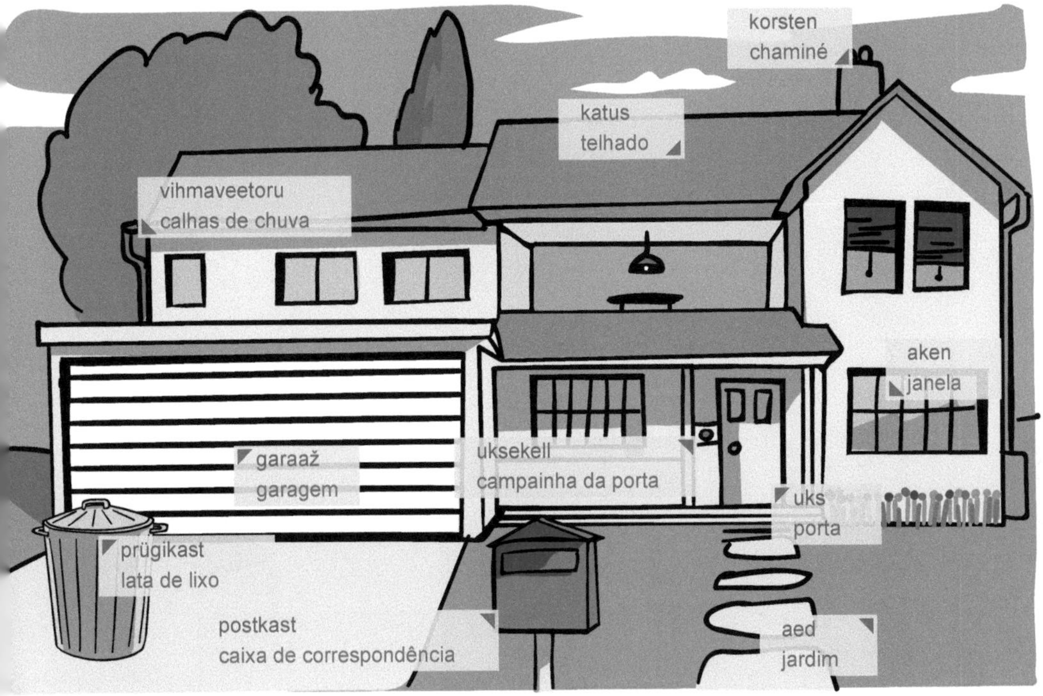
korsten
chaminé
katus
telhado
vihmaveetoru
calhas de chuva
aken
janela
garaaž
garagem
uksekell
campainha da porta
uks
porta
prügikast
lata de lixo
postkast
caixa de correspondência
aed
jardim

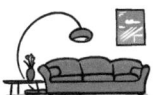

elutuba
sala de estar

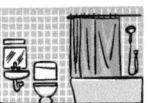

vannituba
banheiro

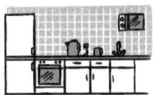

köök
cozinha

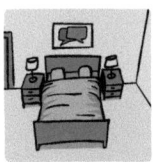

magamistuba
quarto de dormir

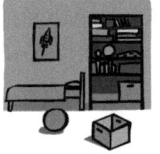

lastetuba
quarto de criança

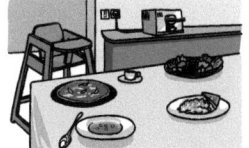

söögituba
sala de jantar

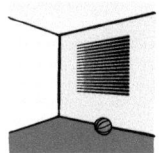

põrand

chão

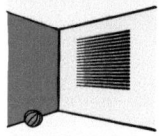

sein

parede

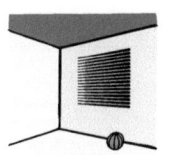

lagi

teto

kelder

porão

saun

sauna

rõdu

varanda

terrass

terraço

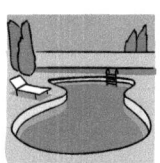

bassein

piscina

muruniiduk

cortador de grama

voodilina

lençol

päevatekk

coberta

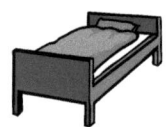

voodi

cama

luud

vassoura

ämber

balde

lüliti

interruptor

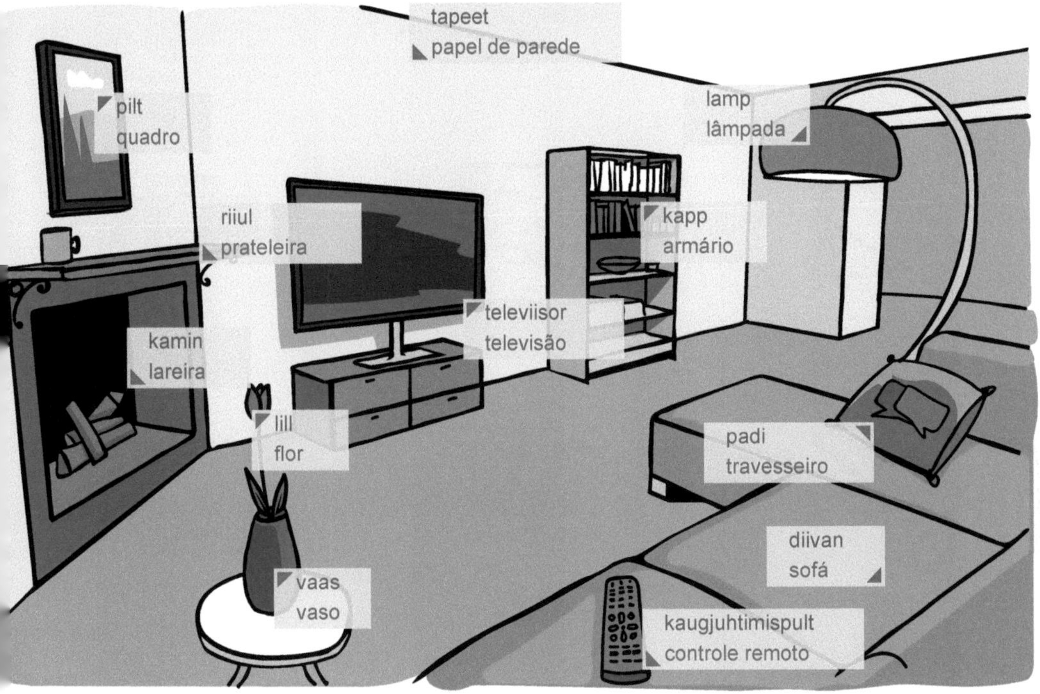

tapeet
papel de parede

pilt
quadro

lamp
lâmpada

riiul
prateleira

kapp
armário

kamin
lareira

televiisor
televisão

lill
flor

padi
travesseiro

vaas
vaso

diivan
sofá

kaugjuhtimispult
controle remoto

vaip

tapete

kardin

cortina

laud

mesa

tool

cadeira

kiiktool

cadeira de balanço

tugitool

poltrona

raamat

livro

tekk

cobertor

kaunistus

decoração

küttepuud

lenha

film

filme

helisüsteem

equipamento de som

võti

chave

ajaleht

jornal

maal

pintura

plakat

pôster

raadio

rádio

märkmik

bloco de notas

tolmuimeja

aspirador

kaktus

cacto

küünal

vela

köök
cozinha

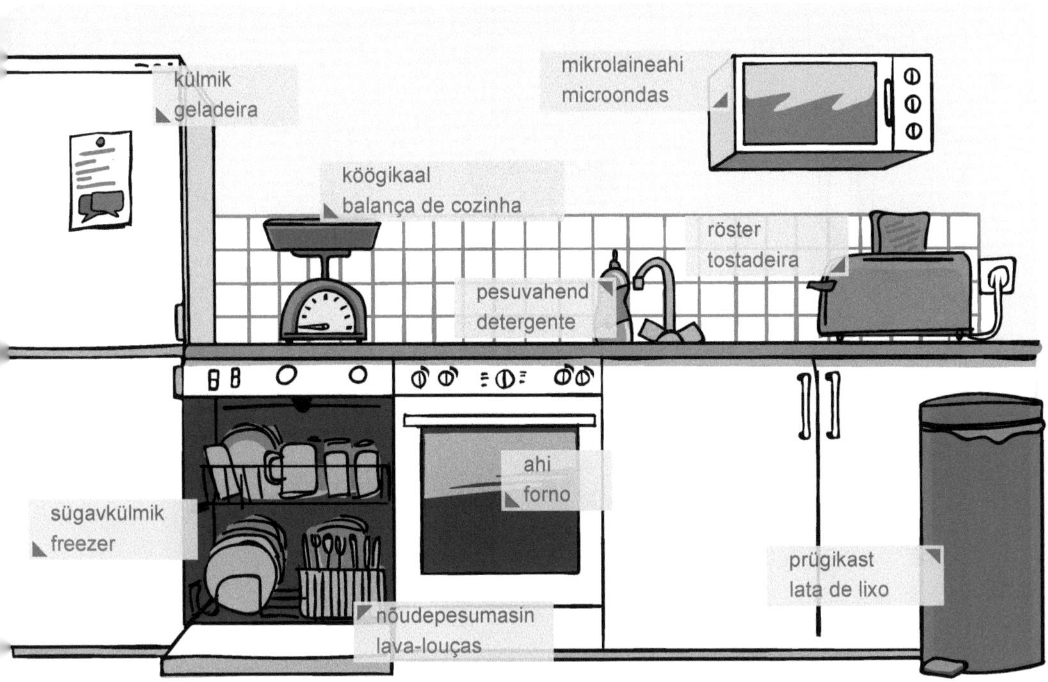
külmik
geladeira
mikrolaineahi
microondas
köögikaal
balança de cozinha
röster
tostadeira
pesuvahend
detergente
ahi
forno
sügavkülmik
freezer
prügikast
lata de lixo
nõudepesumasin
lava-louças

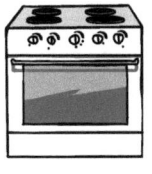

pliit
fogão

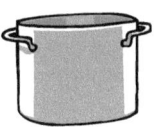

pott
panela

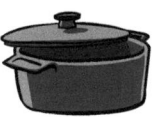

malmpott
panela de ferro

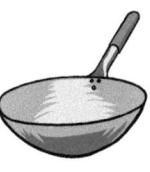

vokkpann
wok / kadai

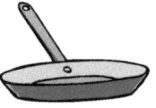

pann
frigideira

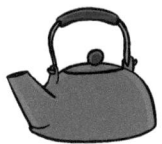

veekeetja
chaleira

aurutaja

panela a vapor

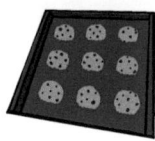

küpsetusplaat

tabuleiro de forno

lauanõud

louça

kruus

caneca

kauss

caçarola

söögipulgad

hashi

kulp

concha de sopa

pannilabidas

espátula

vispel

batedor

kurn

escorredor

sõel

peneira

riiv

ralador

uhmer

almofariz

grill

churrasqueira

lahtine tuli

lareira

lõikelaud

tábua de cortar

tainarull

rolo da massa

korgitser

saca-rolhas

konservipurk

lata

konserviavaja

abridor de latas

pajakinnas

pegador de panela

kraanikauss

pia

hari

escova

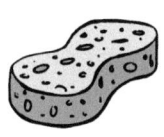

pesukäsn

esponja

kannmikser

liquidificador

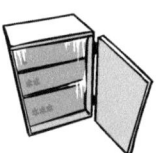

sügavkülmuti

congelador

lutipudel

mamadeira

segisti

torneira

vannituba
banheiro

dušš
ducha
küte
aquecimento
käterätik
toalha
dušikardin
cortina de chuveiro
mullivann
banho de espuma
vann
banheira
klaas
copo
pesumasin
lava-roupa
segisti
torneira
plaadid
azulejos
pissipott
penico
kraanikauss
pia

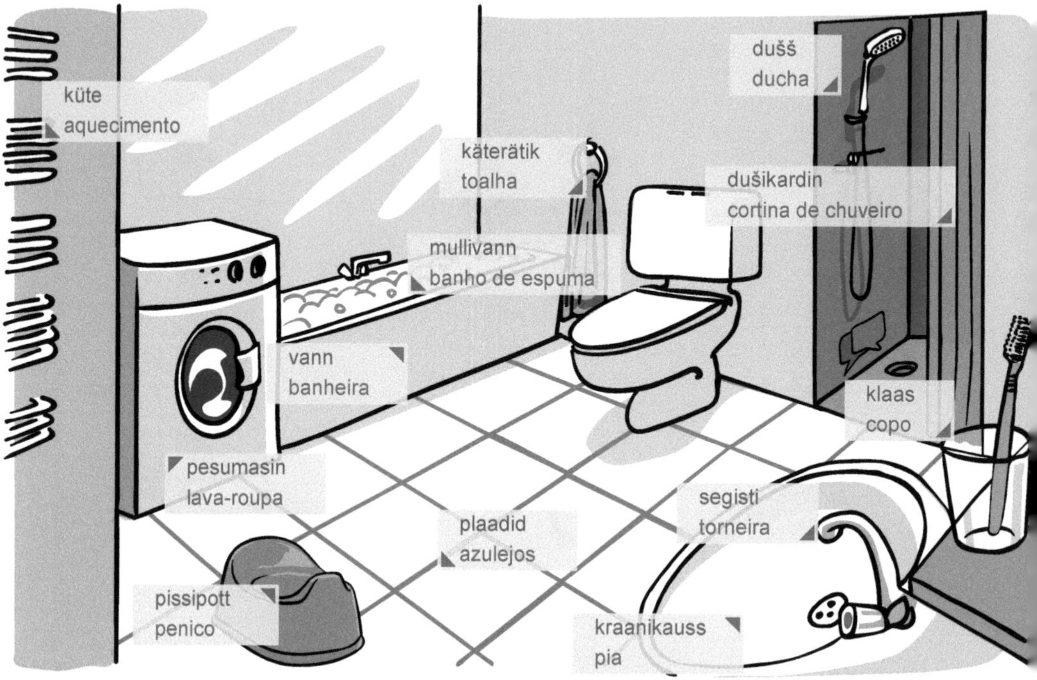

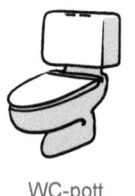

WC-pott

vaso sanitário

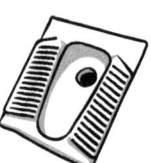

kükitamistualett

lavabo de agachar

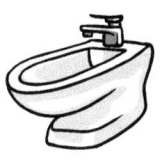

bidee

bidê

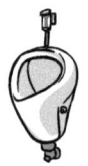

pissuaar

mictório

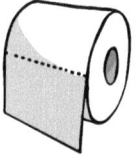

tualettpaber

papel higiênico

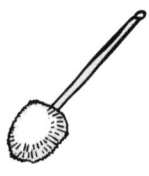

WC-hari

escova de privada

hambahari

escova de dentes

hambapasta

pasta de dentes

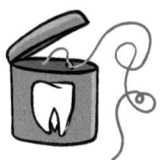

hambaniit

fio dental

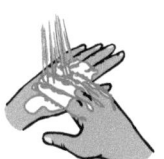

pesema

lavar

käsidušš

ducha de mão

intiimdušš

ducha íntima

pesukauss

bacia

seljahari

escova para as costas

seep

sabonete

dušigeel

gel de banho

šampoon

xampu

vamm

toalha de rosto

äravool

escoamento

kreem

creme

deodorant

desodorante

peegel

espelho

käsipeegel

espelho de mão

habemenuga

barbeador

raseerimisvaht

espuma de barbear

habemevesi

loção pós-barba

kamm

pente

hari

escova

föön

secador de cabelo

juukselakk

spray de cabelo

meigikomplekt

maquiagem

huulepulk

batom

küünelakk

esmalte de unhas

vatt

algodão

küünekäärid

tesoura para unhas

parfüüm

perfume

tualett-tarvete kott

nécessaire

taburet

banquinho

kaal

balança

hommikumantel

roupão de banho

kummikindad

luvas de borracha

tampoon

absorvente interno

hügieeniside

absorvente íntimo

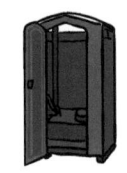

keemiline tualett

banheiro químico

lastetuba

quarto de criança

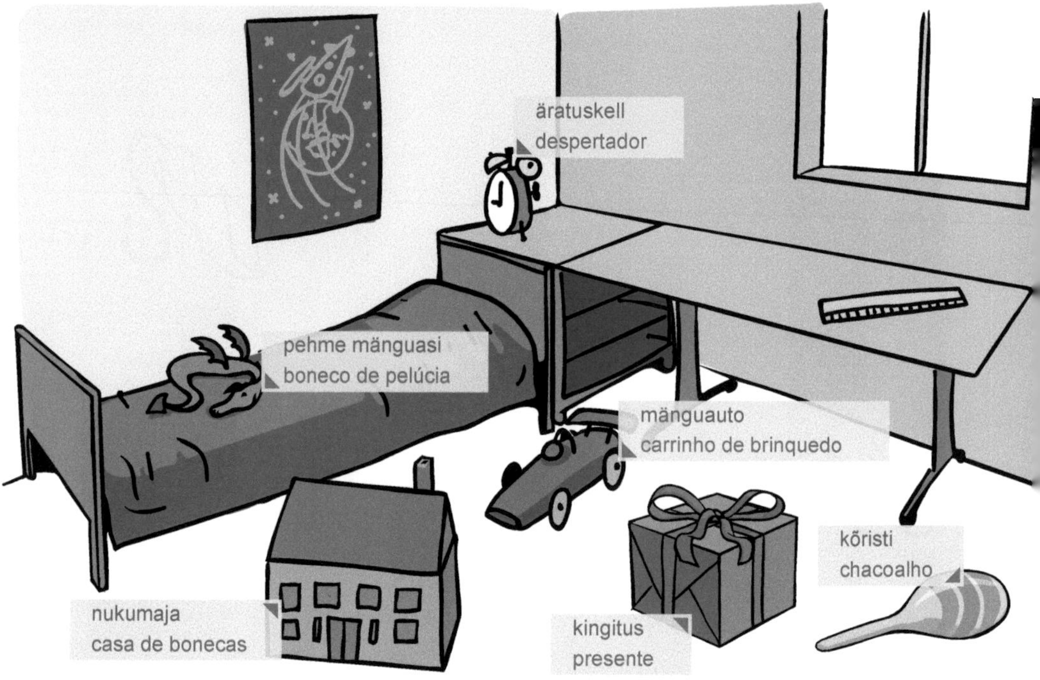
äratuskell
despertador
pehme mänguasi
boneco de pelúcia
mänguauto
carrinho de brinquedo
kõristi
chacoalho
nukumaja
casa de bonecas
kingitus
presente

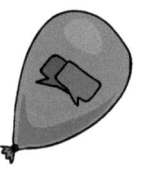

õhupall

balão

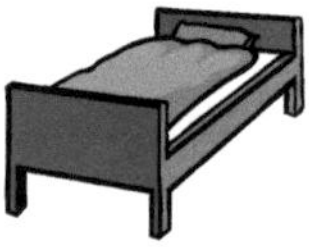

voodi

cama

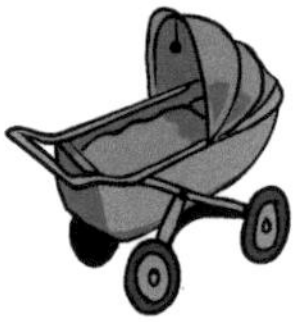

lapsevanker

carrinho de bebê

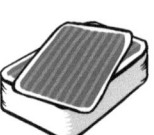

kaardipakk

jogo de cartas

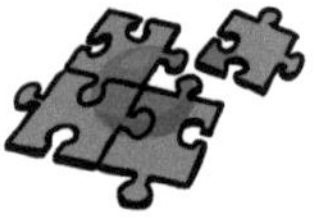

pusle

quebra-cabeças

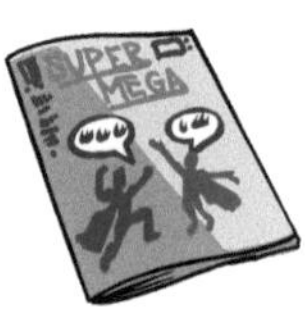
SUPER MEGA

koomiks

revista de quadrinhos

Lego klotsid

peças de Lego

klotsid

blocos de construção

kujuke

figura de ação

siputuspüksid

macaquinho de bebê

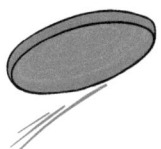

lendav taldrik

frisbee

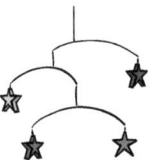

voodikarussell

móbile para bebé

lauamäng

jogo de tabuleiro

täringud

dados

mudelrong

trenzinho elétrico

lutt

chupeta

pidu

festa

pildiraamat

livro ilustrado

pall

bola

nukk

boneca

mängima

brincar

liivakast

caixa de areia

kiik

balanço

mänguasjad

brinquedos

mängukonsool

videogame

kolmerattaline jalgratas

triciclo

mängukaru

ursinho de pelúcia

riidekapp

guarda-roupa

riietus

vestuário

sokid

meias

sukad

meias pelo joelho

sukkpüksid

meias-calças

sall
cachecol

vihmavari
guarda-chuva

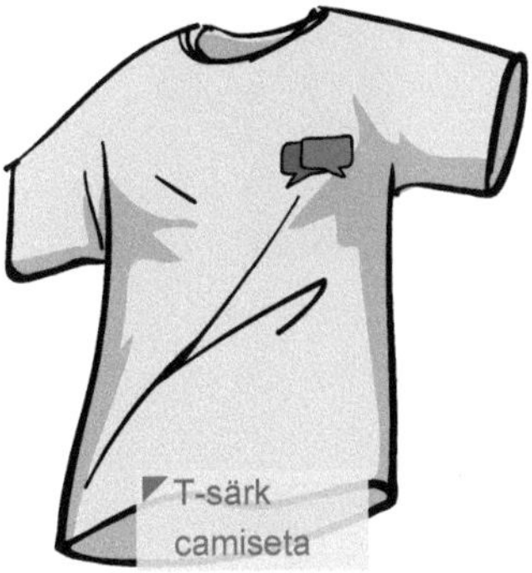

T-särk
camiseta

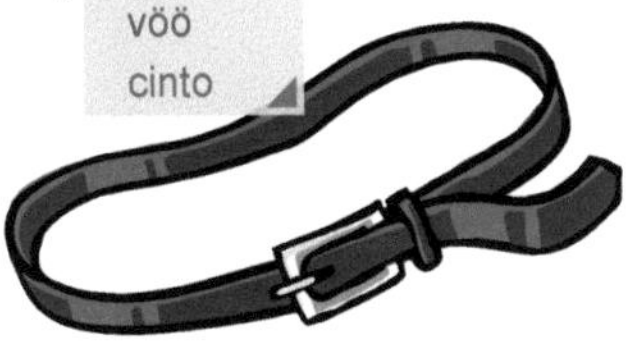

vöö
cinto

saapad
botas

sussid
chinelos

tossud
tênis

sandaalid
sandálias

jalatsid
sapatos

kummikud
botas de borracha

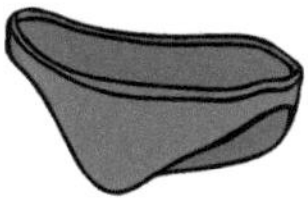

aluspüksid
roupa de baixo

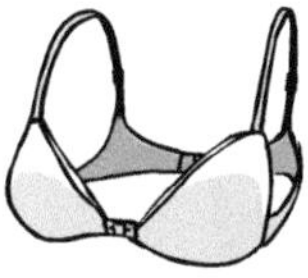

rinnahoidja
sutiã

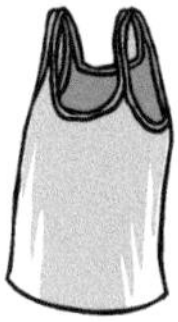

vest
camiseta de baixo

bodi

body

püksid

calças

teksapüksid

jeans

seelik

saia

pluus

blusa

särk

camisa

sviiter

pulôver

dressipluus

suéter com capuz

bleiser

blazer

jakk

jaqueta

mantel

casaco

vihmamantel

gabardine

kostüüm

traje

kleit

vestido

pulmakleit

vestido de casamento

ülikond

terno

öösärk

camisola

pidžaama

pijama

sari

sari

pearätt

lenço de cabeça

turban

turbante

burka

burca

kaftan

cafetã

abayah

abaya

ujumistrikoo

maiô

ujumispüksid

sunga

lühikesed püksid

shorts

dressid

roupa de treino

põll

avental

kindad

luvas

nööp

botão

prillid

óculos

käevõru

pulseira

kaelakee

colar

sõrmus

anel

kõrvarõngas

brinco

nokamüts

boné

riidepuu

cabide

kaabu

chapéu

lips

gravata

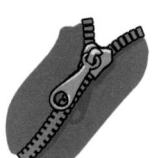

tõmblukk

zíper

kiiver

capacete

traksid

suspensórios

koolivorm

uniforme escolar

vormirõivad

uniforme

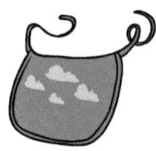

pudipõll

babador

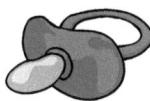

lutt

chupeta

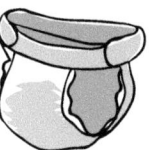

mähe

fralda

kontor
escritório

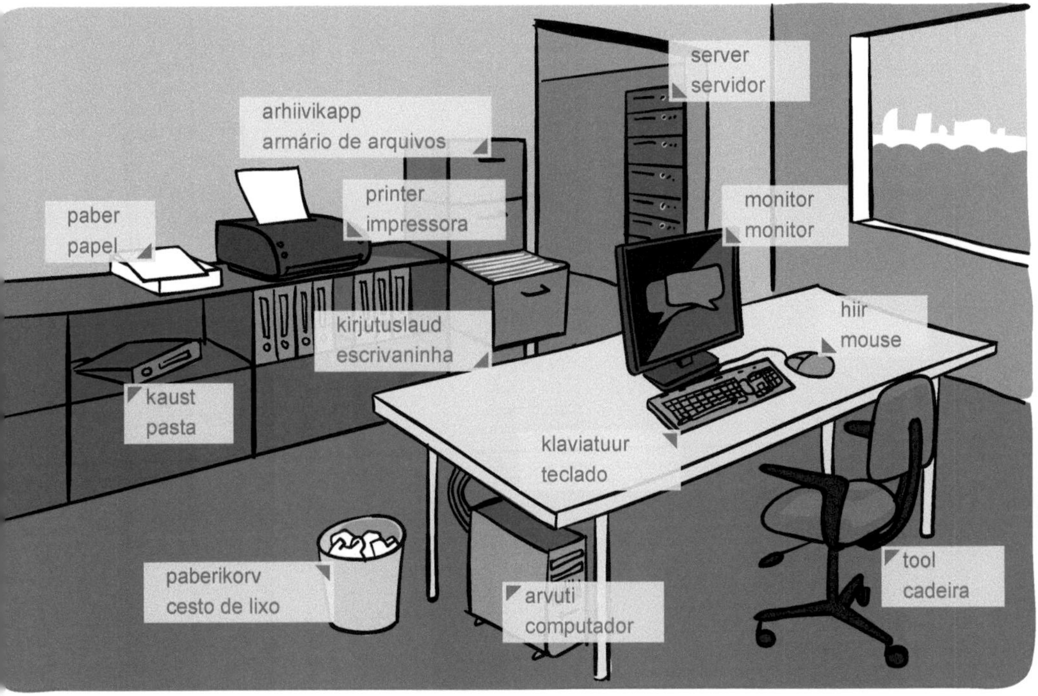

server
servidor
arhiivikapp
armário de arquivos
printer
impressora
paber
papel
monitor
monitor
hiir
mouse
kirjutuslaud
escrivaninha
kaust
pasta
klaviatuur
teclado
tool
cadeira
paberikorv
cesto de lixo
arvuti
computador

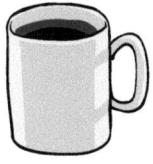

kohvikruus

xícara de café

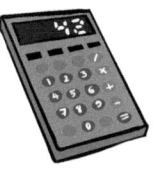

kalkulaator

calculadora

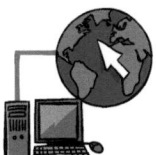

internet

internet

sülearvuti

laptop

kiri

carta

sõnum

mensagem

mobiiltelefon

celular

võrk

rede

koopiamasin

copiadora

tarkvara

software

telefon

telefone

pistikupesa

tomada

faksimasin

fax

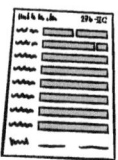

vorm

formulário

dokument

documento

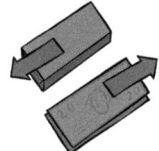

ostma

comprar

maksma

pagar

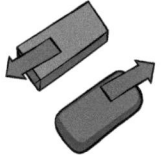

vahetama

negociar

raha

dinheiro

dollar

Dólar

euro

Euro

jeen

Yen

rubla

rublo

Šveitsi frank

franco suíço

renminbi jüaan

renminbi yuan

ruupia

rupia

sularahaautomaat

caixa eletrônico

valuutavahetuspunkt

casa de câmbio

kuld

ouro

hõbe

prata

nafta

petróleo

energia

energia

hind

preço

leping

contrato

maks

imposto

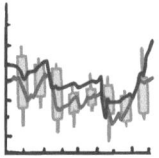

aktsia

ação

töötama

trabalhar

töötaja

empregado

tööandja

empregador

tehas

fábrica

kauplus

loja

ametid
profissões

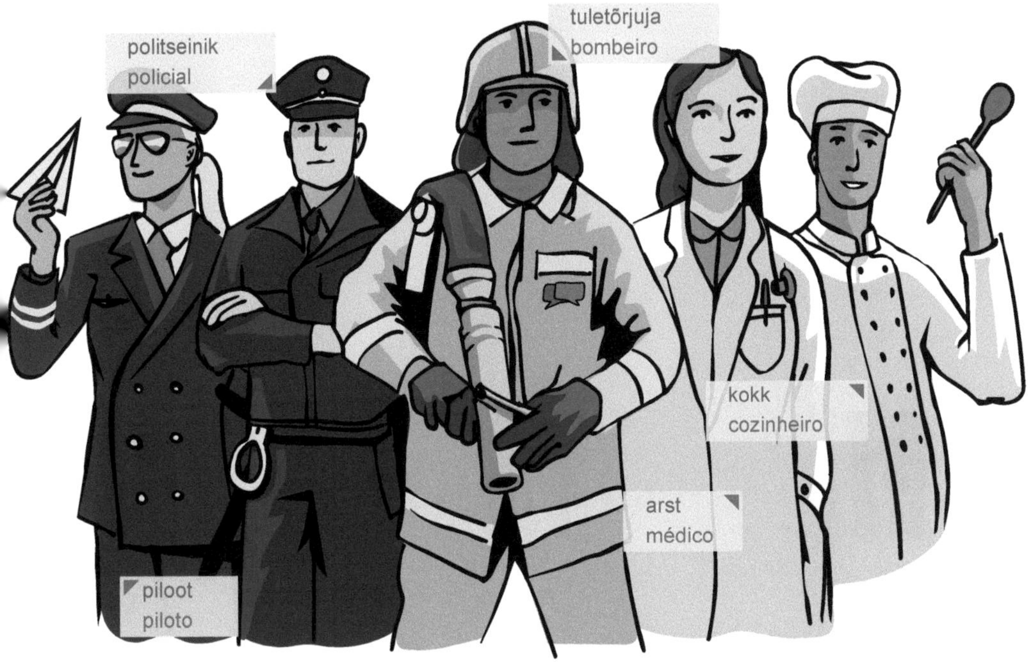
politseinik
policial
tuletõrjuja
bombeiro
kokk
cozinheiro
arst
médico
piloot
piloto

aednik

jardineiro

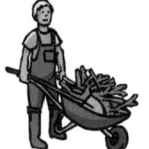

puusepp

marceneiro

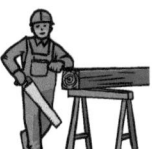

õmbleja

costureira

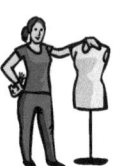

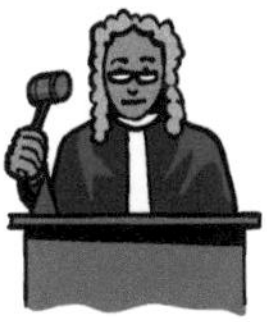

kohtunik

juiz

keemik

químico

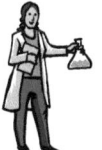

näitleja

ator

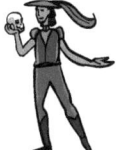

bussijuht

motorista de ônibus

taksojuht

motorista de táxi

kalamees

pescador

koristaja

faxineira

katusepaigaldaja

telhador

kelner

garçom

jahimees

caçador

maaler

pintor

pagar

padeiro

elektrik

eletricista

ehitaja

construtor

insener

engenheiro

lihunik

açougueiro

torumees

encanador

postiljon

carteiro

sõdur

soldado

arhitekt

arquiteto

kassapidaja

caixa

lillemüüja

florista

juuksur

cabelereiro

piletikontrolör

condutor

mehaanik

mecânico

kapten

capitão

hambaarst

dentista

teadlane

cientista

rabi

rabino

imaam

imam

munk

monge

preester

pastor

tööriistad
ferramentas

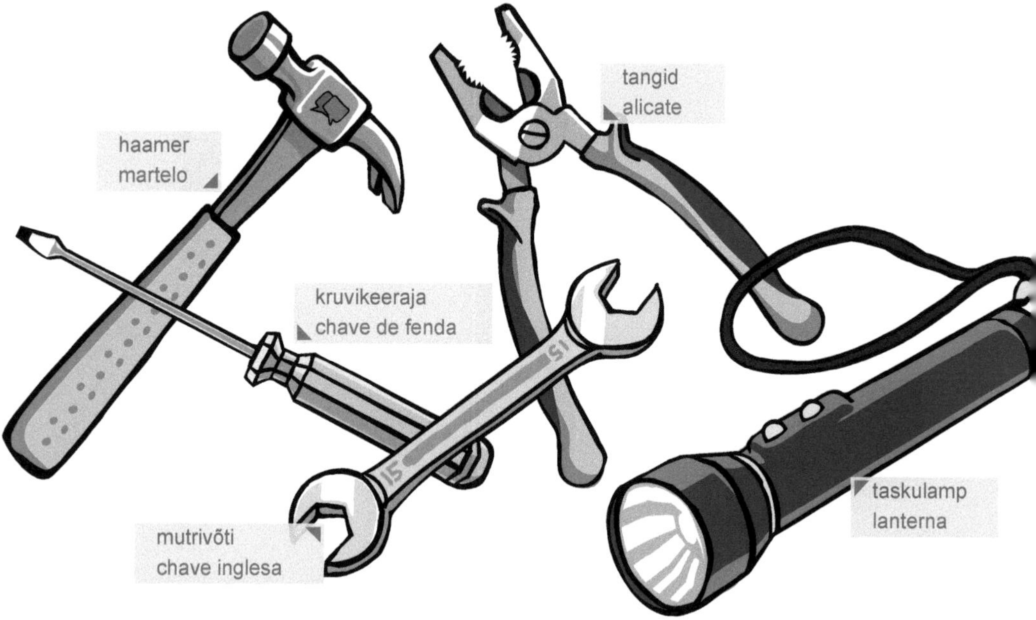

haamer
martelo
tangid
alicate
kruvikeeraja
chave de fenda
mutrivõti
chave inglesa
taskulamp
lanterna

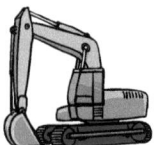

ekskavaator

escavadora

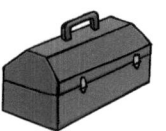

tööriistakast

caixa de ferramentas

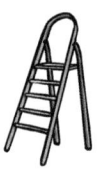

redel

escada de mão

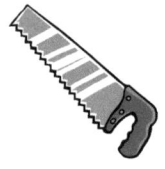

saag

serra

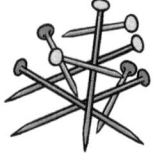

naelad

pregos

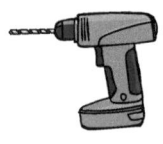

trell

furadeira

parandama
consertar

labidas
pá

Põrgusse!
Droga!

kühvel
pá de lixo

värvipott
pote de tinta

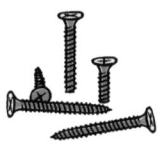

kruvid
parafusos

pillid

instrumentos musicais

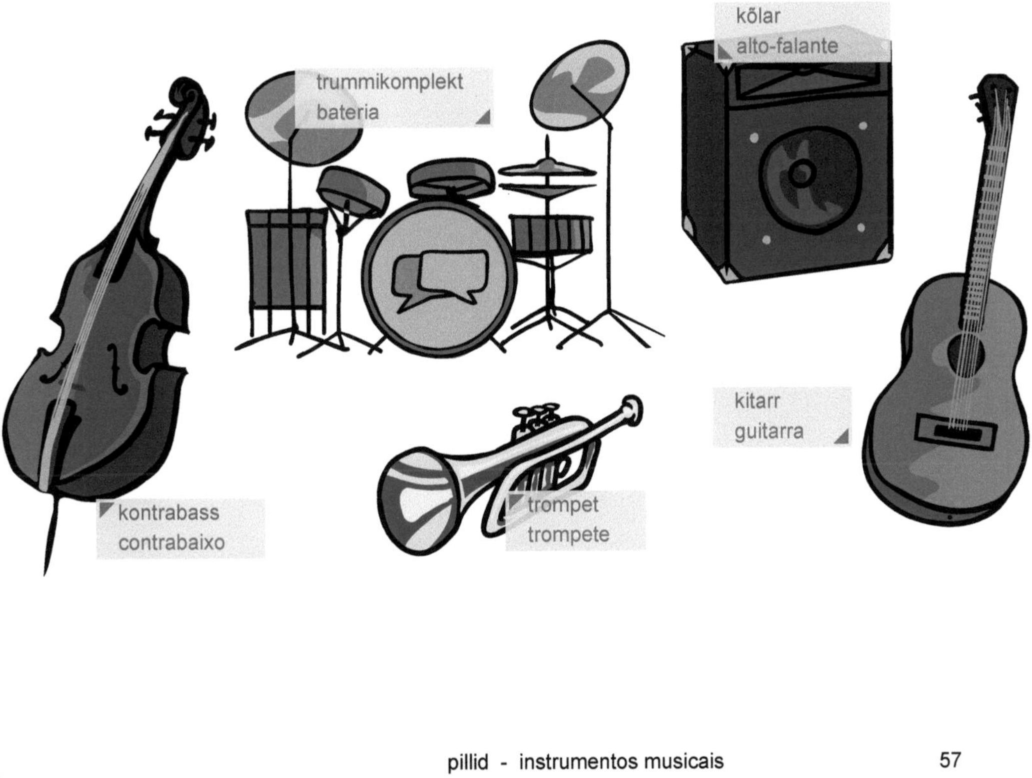

kõlar
alto-falante

trummikomplekt
bateria

kontrabass
contrabaixo

trompet
trompete

kitarr
guitarra

klaver

piano

viiul

violino

bass

baixo

timpan

timbales

trummid

tambor

süntesaator

teclado

saksofon

saxofone

flööt

flauta

mikrofon

microfone

loomaaed
zoológico

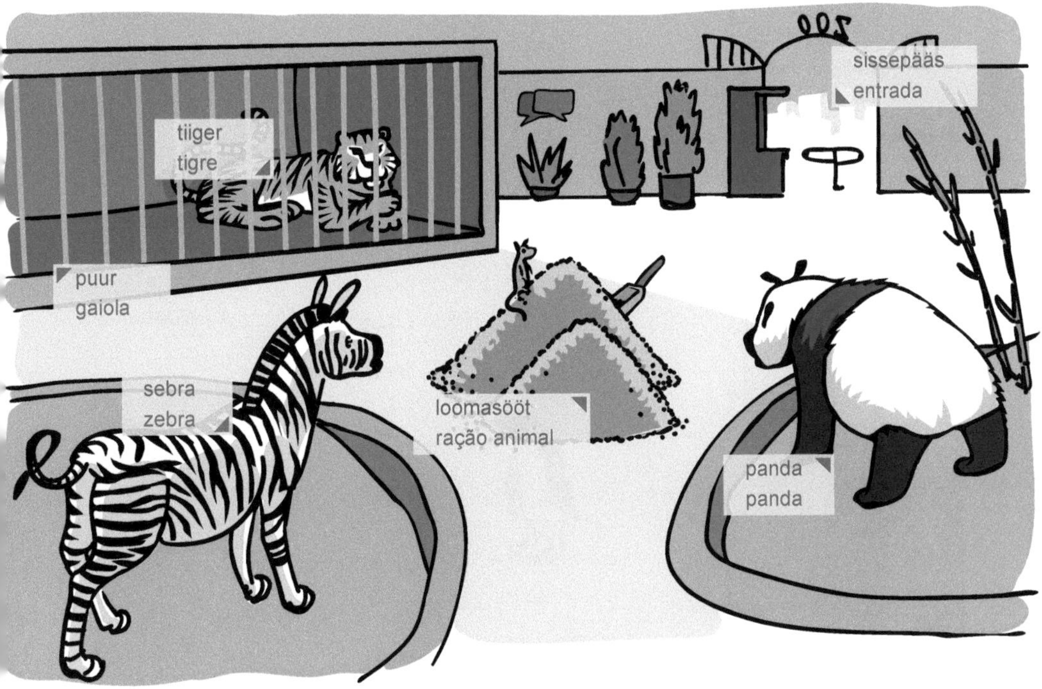

tiiger
tigre
sissepääs
entrada
puur
gaiola
sebra
zebra
loomasööt
ração animal
panda
panda

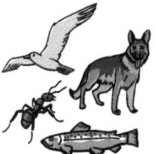

loomad
animais

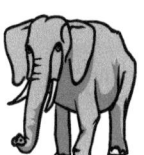

elevant
elefante

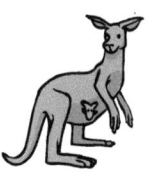

känguru
canguru

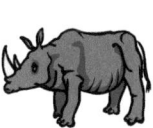

ninasarvik
rinoceronte

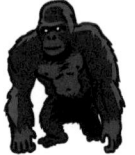

gorilla
gorila

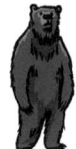

karu
urso

kaamel

camelo

jaanalind

avestruz

lõvi

leão

ahv

macaco

flamingo

flamingo

papagoi

papagaio

jääkaru

urso polar

pingviin

pinguim

hai

tubarão

paabulind

pavão

madu

cobra

krokodill

crocodilo

loomaaiatalitaja

guarda do zoológico

hüljes

foca

jaaguar

jaguar

poni

pônei

leopard

leopardo

jõehobu

hipopótamo

kaelkirjak

girafa

kotkas

águia

metssiga

javali

kala

peixe

kilpkonn

tartaruga

morsk

morsa

rebane

raposa

gasell

gazela

Ameerika jalgpall
futebol americano

jalgrattasõit
ciclismo

tennis
tênis

korvpall
basquete

ujumine
natação

poksimine
boxe

jäähoki
hóquei no gelo

jalgpall

futebol

sulgpall

badminton

kergejõustik

atletismo

käsipall

handebol

suusatamine

esqui

polo

polo

tegevused
atividades

naerma
rir
hüppama
pular
kallistama
abraçar
jalutama
andar
laulma
cantar
unistama
sonhar
palvetama
rezar
suudlema
beijar

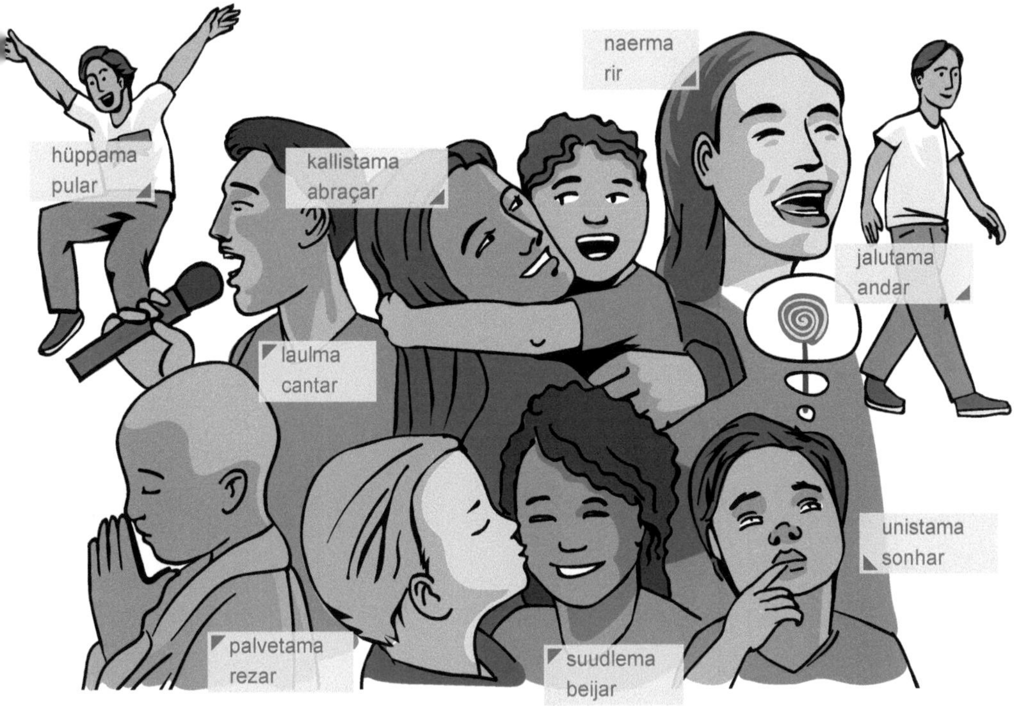

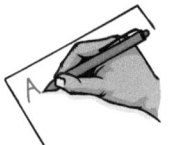

kirjutama

escrever

joonistama

desenhar

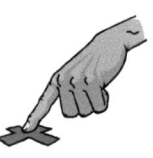

näitama

mostrar

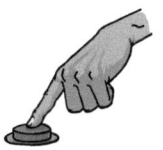

lükkama

empurrar

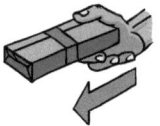

andma

dar

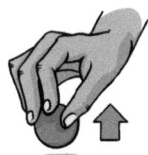

võtma

tomar

omama

ter

tegema

fazer

olema

ser

seisma

ficar de pé

jooksma

correr

tõmbama

puxar

viskama

jogar

kukkuma

cair

lamama

deitar

ootama

esperar

kandma

carregar

istuma

sentar

riidesse panema

vestir

magama

dormir

ärkama

despertar

vaatama

olhar para

nutma

chorar

paitama

acariciar

kammima

pentear

rääkima

falar

aru saama

entender

küsima

perguntar

kuulama

ouvir

jooma

beber

sööma

comer

korrastama

arrumar

armastama

amar

süüa tegema

cozinhar

sõitma

dirigir

lendama

voar

purjetama

velejar

arvutama

calcular

lugema

ler

õppima

aprender

töötama

trabalhar

abielluma

casar

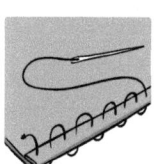

õmblema

costurar

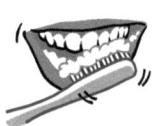

hambaid pesema

escovar os dentes

tapma

matar

suitsetama

fumar

saatma

enviar

vanaema
avó

vanaisa
avô

isa
pai

ema
mãe

imik
bebê

tütar
filha

poeg
filho

külaline

convidado

tädi

tia

onu

tio

vend

irmão

õde

irmã

keha

corpo

otsmik
testa
silm
olho
õlg
ombro
sõrm
dedo
nägu
rosto
lõug
queixo
käsi
mão
jalg
perna
rind
peito
käsivars
braço

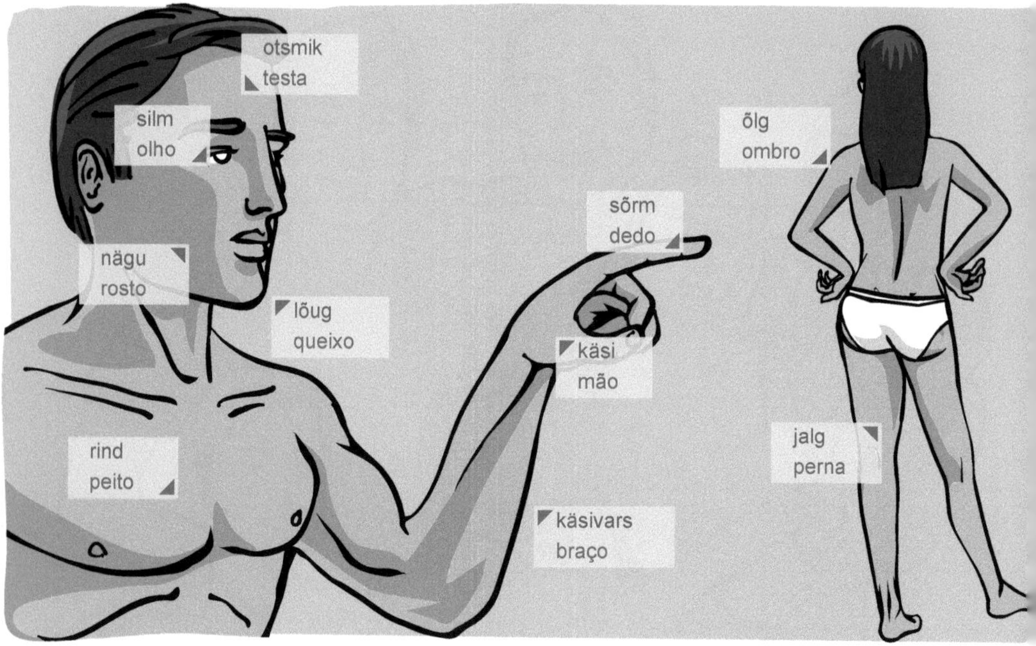

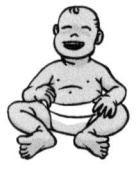

imik

bebê

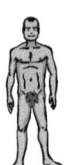

mees

homem

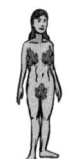

naine

mulher

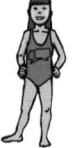

tüdruk

menina

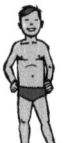

poiss

menino

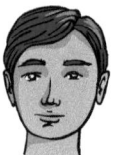

pea

cabeça

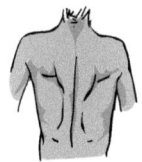

selg

costas

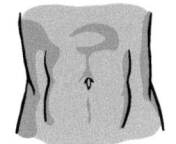

kõht

barriga

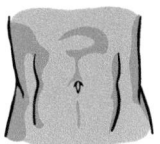

naba

umbigo

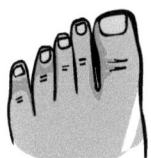

varvas

dedo do pé

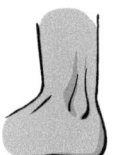

kand

calcanhar

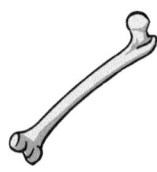

luu

osso

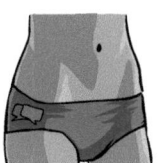

puus

anca

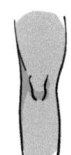

põlv

joelho

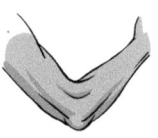

küünarnukk

cotovelo

nina

nariz

tagumik

nádegas

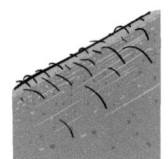

nahk

pele

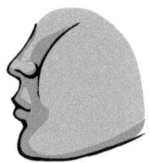

põsk

bochecha

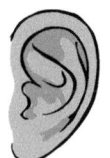

kõrv

orelha

huuled

lábio

suu

boca

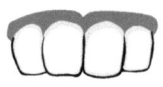

hammas

dente

keel

língua

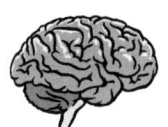

aju

cérebro

süda

coração

lihas

músculo

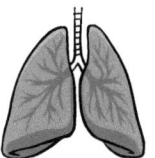

kops

pulmão

maks

fígado

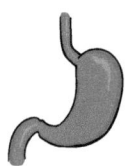

magu

estômago

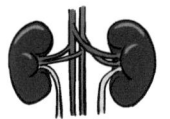

neerud

rins

seksuaalvahekord

relações sexuais

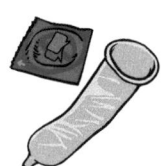

kondoom

preservativo

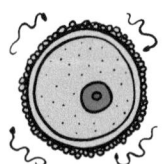

munarakk

óvulo

sperma

esperma

rasedus

gravidez

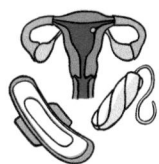

menstruatsioon

menstruação

vagiina

vagina

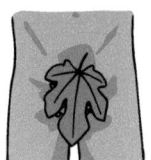

peenis

pênis

kulm

sobrancelha

juuksed

cabelo

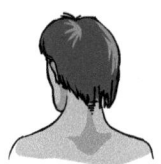

kael

pescoço

haigla
hospital

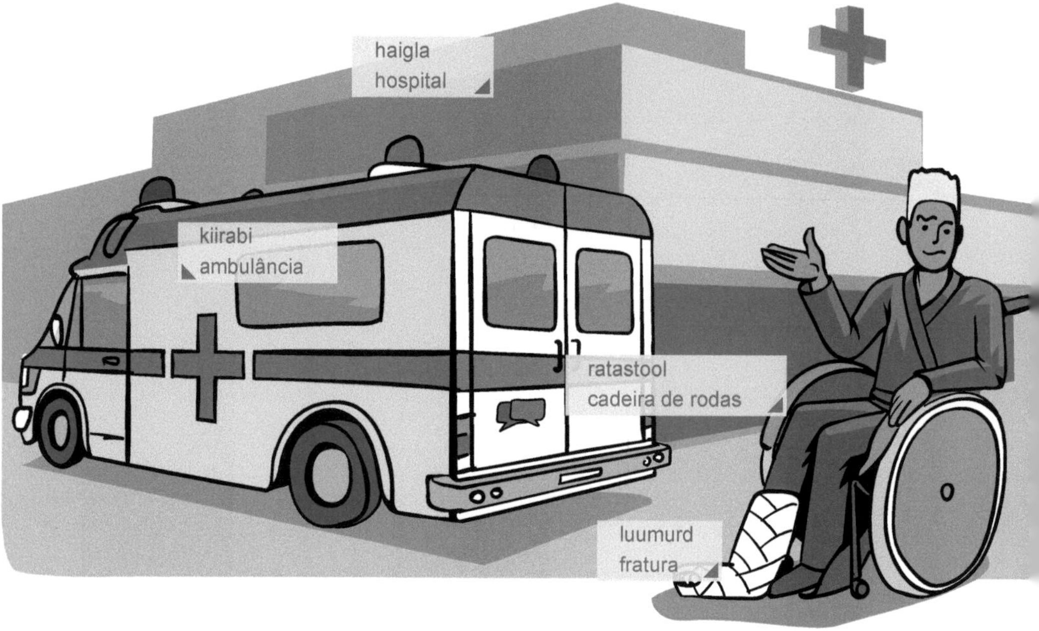

haigla
hospital
kiirabi
ambulância
ratastool
cadeira de rodas
luumurd
fratura

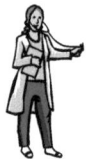

arst

médico

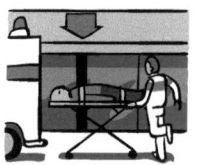

traumapunkt

pronto-socorro

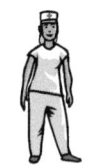

meditsiiniõde

enfermeira

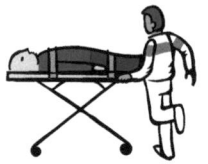

hädaolukord

emergência

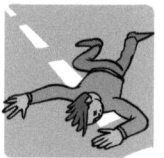

teadvuseta

inconsciente

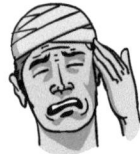

valu

dor

vigastus

ferimento

verejooks

hemorragia

südamerabandus

ataque cardíaco

insult

acidente vacular cerebral

allergia

alergia

köha

tosse

palavik

febre

gripp

gripe

kõhulahtisus

diarreia

peavalu

dor de cabeça

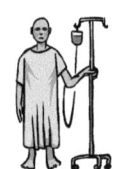

vähk

câncer

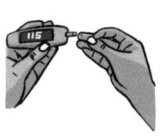

diabeet

diabetes

kirurg

cirurgião

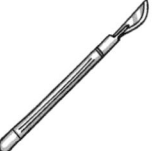

skalpell

bisturi

operatsioon

operação

KT
CT

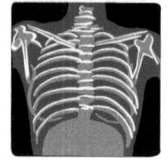

röntgen
raio x

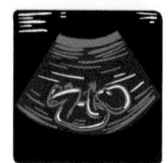

ultraheli
ultrassom

mask
máscara

haigus
doença

ooteruum
sala de espera

kark
muleta

kips
bandeide

side
ligadura

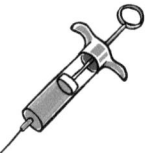

süst
injeção

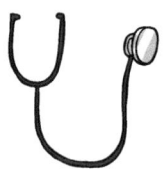

stetoskoop
estetoscópio

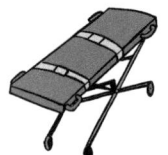

kanderaam
maca

kraadiklaas
termômetro

sünd
nascimento

ülekaaluline
excesso de peso

kuuldeaparaat

aparelho auditivo

desinfektsioonivahend

desinfetante

põletik

infecção

viirus

vírus

HIV / AIDS

HIV / AIDS

meditsiin

medicamento

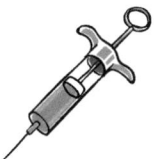

vaktsineerimine

vacinação

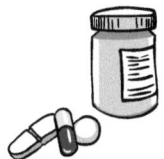

tabletid

comprimidos

pill

pílula

hädaabikõne

chamada de emergência

vererõhuaparaat

dispositivo de medição de
pressão arterial

haige / terve

doente / saudável

Appi!

Socorro!

häire

alarme

kallaletung

assalto

rünnak

ataque

oht

perigo

avariiväljapääs

saída de emergência

Tulekahju!

Fogo!

tulekustuti

extintor de incêndios

õnnetus

acidente

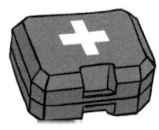

esmaabikomplekt

maleta de primeiros socorros

SOS

SOS

politsei

polícia

Euroopa

Europa

Põhja-Ameerika

América do Norte

Lõuna-Ameerika

América do Sul

Aafrika

África

Aasia

Ásia

Austraalia

Austrália

Atlandi ookean

Atlântico

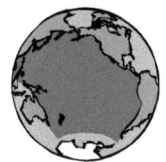

Vaikne ookean

Pacífico

India ookean

Oceano Índico

Lõuna-Jäämeri

Oceano Antártico

Põhja-Jäämeri

Oceano Ártico

põhjapoolus

Polo Norte

lõunapoolus

Polo Sul

Antarktika

Antártica

Maa

Terra

maismaa

terra

meri

mar

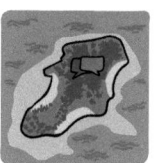

saar

ilha

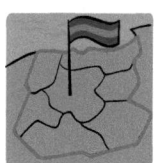

rahvus

nação

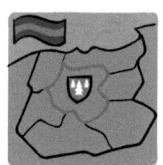

riik

estado

sihverplaat

mostrador do relógio

tunniosuti

ponteiro das horas

minutiosuti

ponteiro dos minutos

sekundiosuti

ponteiro dos segundos

Mis kell on?

Que horas são?

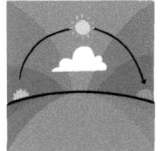

päev

dia

aeg

tempo

praegu

agora

digitaalne kell

relógio digital

minut

minuto

tund

hora

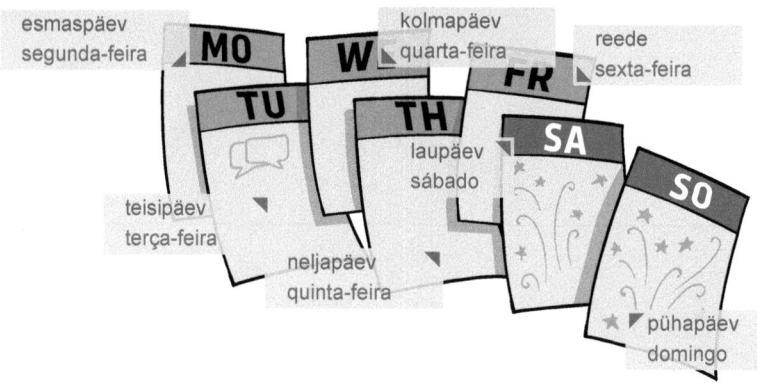

esmaspäev
segunda-feira

kolmapäev
quarta-feira

reede
sexta-feira

teisipäev
terça-feira

laupäev
sábado

neljapäev
quinta-feira

pühapäev
domingo

eile
ontem

täna
hoje

homme
amanhã

hommik
manhã

lõuna
meio-dia

õhtu
entardecer

MO	TU	WE	TH	FR	SA	SU
1	2	3	4	5	6	7
8	9	10	11	12	13	14
15	16	17	18	19	20	21
22	23	24	25	26	27	28
29	30	31	1	2	3	4

tööpäevad
dias úteis

MO	TU	WE	TH	FR	SA	SU
1	2	3	4	5	6	7
8	9	10	11	12	13	14
15	16	17	18	19	20	21
22	23	24	25	26	27	28
29	30	31	1	2	3	4

nädalavahetus
fim de semana

aasta

ano

vihm
chuva
vikerkaar
arco-íris
lumi
neve
tuul
vento
kevad
primavera
sügis
outono
suvi
verão
talv
inverno

4.APRIL 11°
5.APRIL 4°
6.APRIL 13°
7.APRIL 8°
8.APRIL 10°

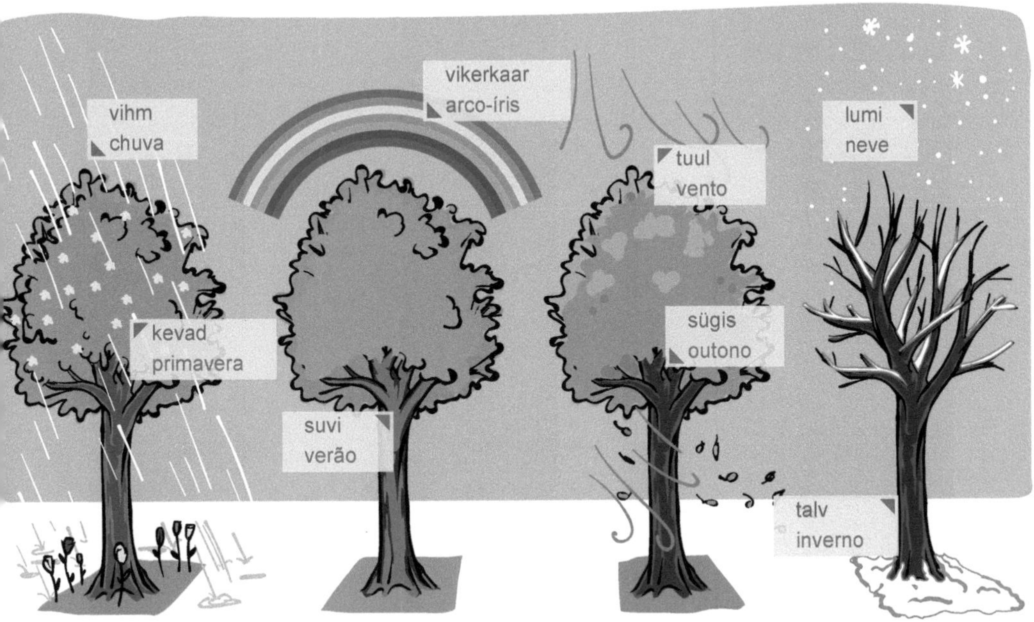

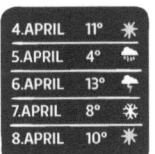

ilmaennustus

previsão do tempo

F C
120 40
90 30
60 20
30 10
0 0
-30 -10
-20

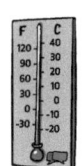

termomeeter

termômetro

päikesepaiste

raio de sol

pilv

nuvem

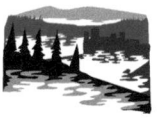

udu

neblina / nevoeiro

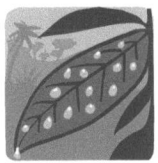

niiskus

umidade do ar

pikne

relâmpago

kõu

trovão

torm

tempestade

rahe

granizo

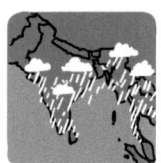

mussoon

monção

üleujutus

inundação

jää

gelo

jaanuar

janeiro

veebruar

fevereiro

märts

março

aprill

abril

mai

maio

juuni

junho

juuli

julho

august

agosto

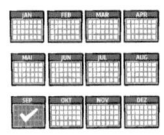

september
setembro

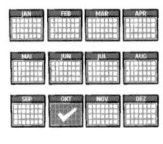

oktoober
outubro

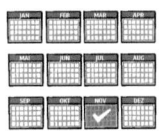

november
novembro

detsember
dezembro

formas

ring
círculo

ruut
quadrado

nelinurk
retângulo

kolmnurk
triângulo

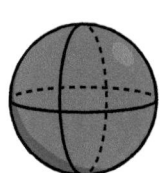

kera
esfera

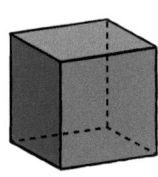

kuup
cubo

valge
....
branco

kollane
....
amarelo

oranž
....
laranja

roosa
....
rosa

punane
....
vermelho

lilla
....
lilás

sinine
....
azul

roheline
....
verde

pruun
....
marrom

hall
....
cinza

must
....
preto

palju / vähe

muito / pouco

vihane / rahulik

furioso / tranquilo

ilus / inetu

lindo / feio

algus / lõpp

começo / fim

suur / väike

grande / pequeno

hele / tume

claro / escuro

vend / õde

irmão / irmã

puhas / must

limpo / sujo

täielik / puudulik

completo / incompleto

päev / öö

dia / noite

surnud / elus

morto / vivo

lai / kitsas

largo / estreito

söödav / mittesöödav

comestível / não comestível

kuri / sõbralik

mau / gentil

põnevil / tüdinud

entusiasmado / entediado

paks / peenike

gordo / magro

esimene / viimane

primeiro / último

sõber / vaenlane

amigo / inimigo

täis / tühi

cheio / vazio

kõva / pehme

duro / macio

raske / kerge

pesado / leve

nälg / janu

fome / sede

haige / terve

doente / saudável

ebaseaduslik / seaduslik

ilegal / legal

tark / rumal

inteligente / idiota

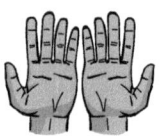

vasak / parem

esquerda / direita

lähedal / kaugel

perto / longe

uus / kasutatud

novo / usado

mitte midagi / midagi

nada / alguma coisa

vana / noor

velho / jovem

sees / väljas

ligado / desligado

lahti / kinni

aberto / fechado

vaikne / vali

baixo / alto

rikas / vaene

rico / pobre

õige / vale

certo / errado

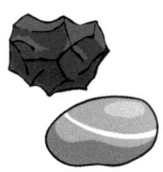

kare / sile

áspero / liso

kurb / rõõmus

triste / feliz

lühike / pikk

curto / longo

aeglane / kiire

lento / rápido

märg / kuiv

molhado / seco

soe / jahe

ameno / fresco

sõda / rahu

guerra / paz

numbrid

números

0

null

zero

1

üks

um

2

kaks

dois

3

kolm

três

4

neli

quatro

5

viis

cinco

6

kuus

seis

7

seitse

sete

8

kaheksa

oito

9

üheksa

nove

10

kümme

dez

11

üksteist

onze

12

kaksteist

doze

13

kolmteist

treze

14

neliteist

quatorze

15

viisteist

quinze

16

kuusteist

dezesseis

17

seitseteist

dezessete

18

kaheksateist

dezoito

19

üheksateist

dezenove

20

kakskümmend

vinte

100

sada

cem

1.000

tuhat

mil

1.000.000

miljon

milhão

numbrid - números

inglise

inglês

Ameerika inglise

inglês americano

mandariini

chinês mandarim

hindi

hindi

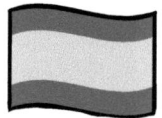

hispaania

espanhol

prantsuse

francês

araabia

árabe

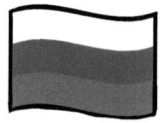

vene

russo

portugali

português

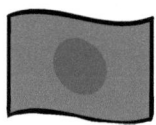

bengali

bengalês

saksa

alemão

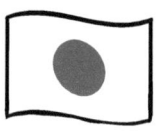

jaapani

japonês

mina

eu

sina

você

tema

ele / ela

meie

nós

teie

vocês

nemad

eles / elas

kes?

quem?

mis?

O quê?

kuidas?

como?

kus?

onde?

millal?

Quando?

nimi

nome

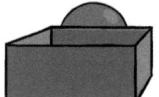

taga

atrás

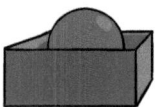

sees

em

ees

na frente de

kohal

sobre

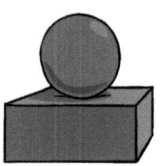

peal

em cima

all

debaixo

kõrval

do lado

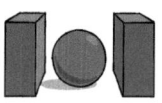

vahel

entre

koht

lugar